Les Trolls

CHERCHE ET TROUVE

hachette JEUNESSE

Princesse Poppy attend avec impatience le jour où elle deviendra la reine de Trollville ! En attendant, elle tient bien à jour son carnet à dessins.

Retrouve ces dessins dans le livre de Poppy :

- Une roue colorée
- Un autocollant arc-en-ciel
- Une photo de bébé
- Un emballage de cupcake
- Un autocollant « câlin »
- Une partition de musique

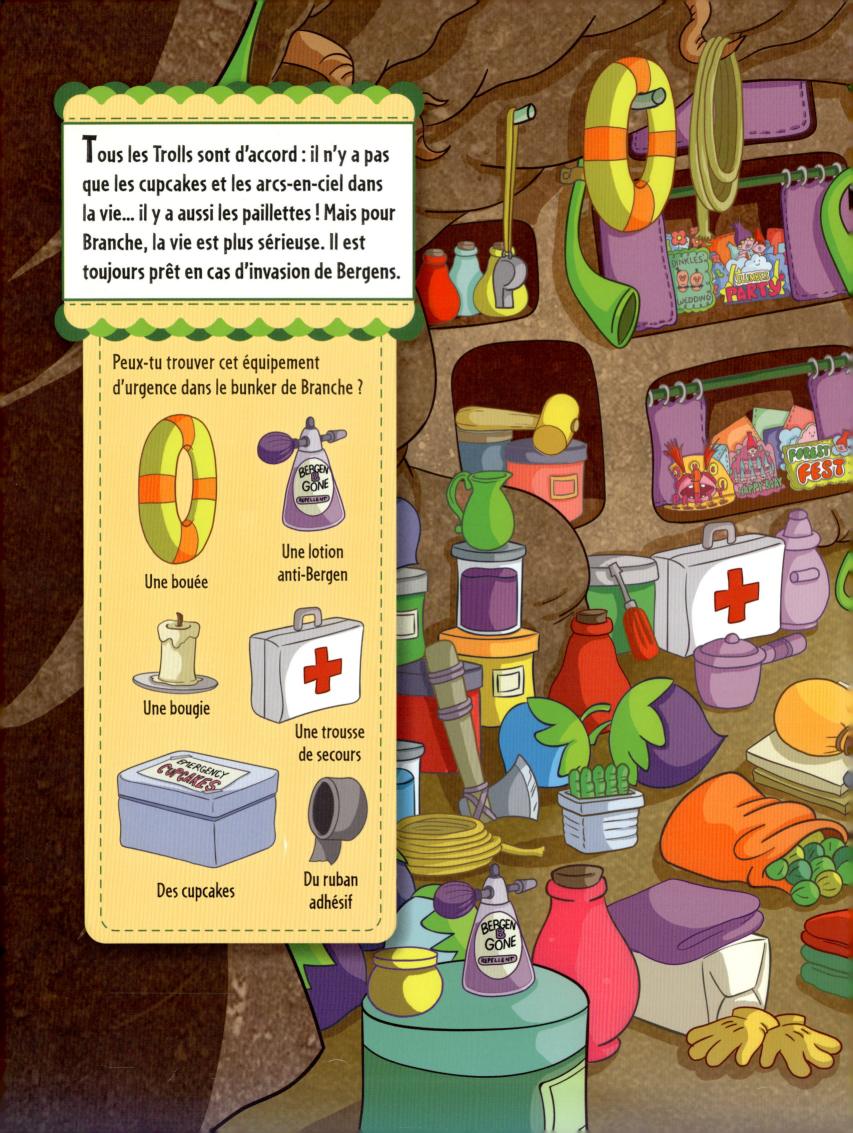

Après vingt ans de recherche, Chef a enfin trouvé les Trolls ! Elle est déterminée à les ramener à Bergenville... comme plat principal pour le repas du Trollstice !

Ces Trolls essaient de se cacher. Peux-tu les trouver, avant que Chef ne le fasse ?

Smidge
Cooper
Ce petit Troll
Fuzzbert
Biggie
Le roi Peppy

Poppy exprime tous ses rêves les plus fous dans son carnet. Retourne y chercher ceux de son couronnement :

La Torche de la Liberté
Un gâteau souriant
Une fleur
Une couronne
Un anneau
Un collier

Branche n'a pas encore trouvé ses véritables couleurs. Mais il y a bel et bien des couleurs qui attendent d'être trouvées dans son bunker ! Jettes-y un œil, et trouve des choses :

Bleu
Rose
Jaune
Violet
Vert
Rouge

Fais une pirouette arrière jusqu'à Biggie, et cherche ces petites choses pour faire des cupcakes !

Un petit drapeau fleuri
Une toque de chef
Des vermicelles colorés
Une horloge cupcakes
Une cuillère en bois
Des moules à cupcakes

L'audition de DJ Suki a attiré de nombreux Scaraboards ! File rejoindre le spectacle et vois si tu trouves ces musiciens colorés :

À pois
Néon
Piquant
Rayé
En zig-zag
Écossais

Autrefois, les cuisines de Bergenville étaient connues pour leurs recettes de Trolls... Plus maintenant ! Réinvite-toi au banquet pour chercher ces délicieuses choses qui commencent par un T comme Trolls :

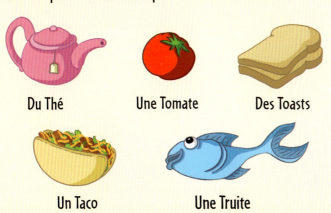

Du Thé

Une Tomate

Des Toasts

Un Taco

Une Truite

Satin et Chenille forment une paire de meilleures amies très fashion ! Re-glisse-toi dans leur garde-robe pour trouver ces autres paires tout aussi mode :

Des gants

Des lunettes

Des bottines

Des bandanas

Des palmes

À Trollville, on se cache pour échapper à Chef ! Retourne au milieu de la catastrophe pour aider ces créatures :

Ce Ver Chantant

Cette Sol-la-cigale

Cette Lumi-mouche

Cette fleur

M. Dinkles

Ce Troll

Qui est la star de la fête ? Guy Diamant ! Il laisse des paillettes partout sur son passage.

Reviens dans chaque scène pour y trouver l'un des petits nuages de paillettes colorées de Guy !

SOLUTIONS

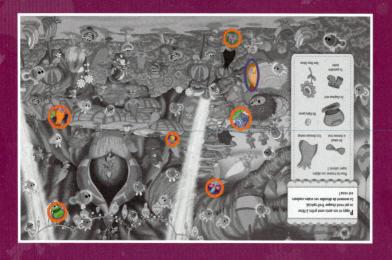
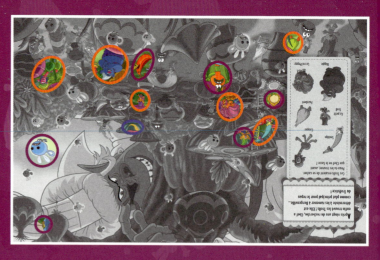

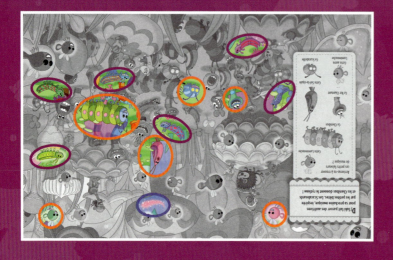

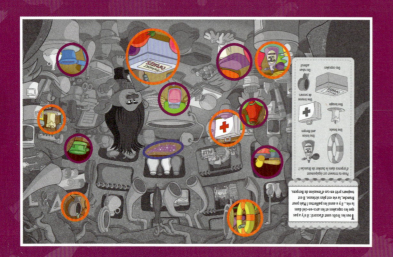